www.ingramcontent.com/pod-product-compliance
Lightning Source LLC
LaVergne TN
LVHW061935070526
838200LV00071B/2173
* 9 7 8 1 0 8 7 8 1 1 7 5 8 *